is learning to write!

A

B

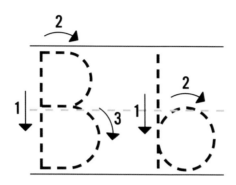

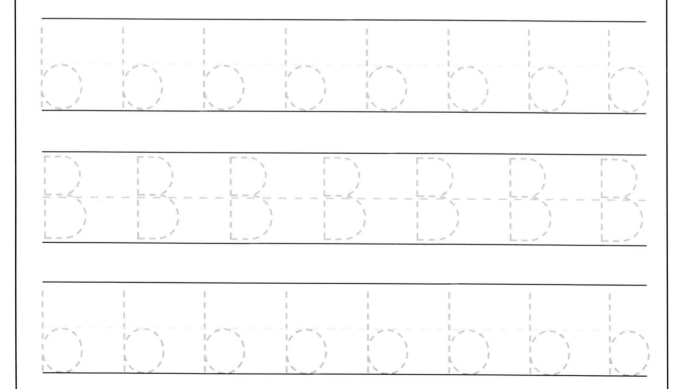

B B B B B B

B B B B B B

B B B B B B

B B B B B B

B B B B B B

B B B B B B

b b b b b b b b

b b b b b b b b

b b b b b b b b

b b b b b b b b

b b b b b b b b

b b b b b b b b

C

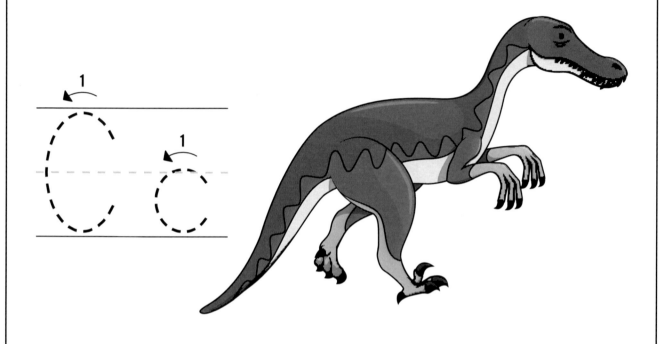

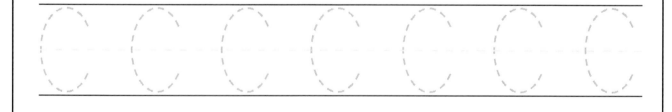

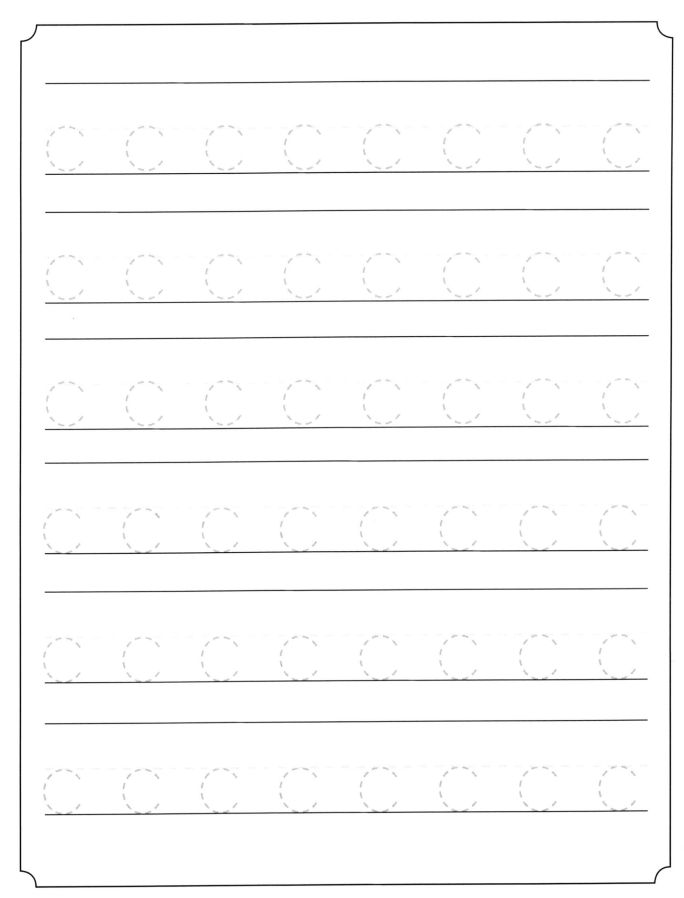

D

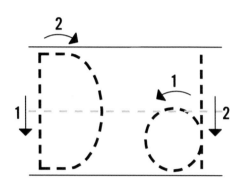

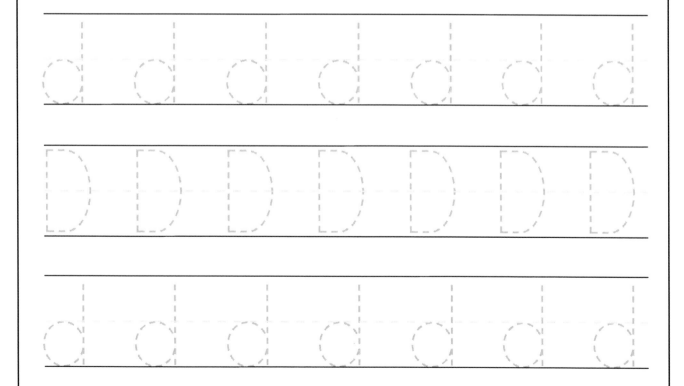

D D D D D D D

D D D D D D D

D D D D D D D

D D D D D D D

D D D D D D D

D D D D D D D

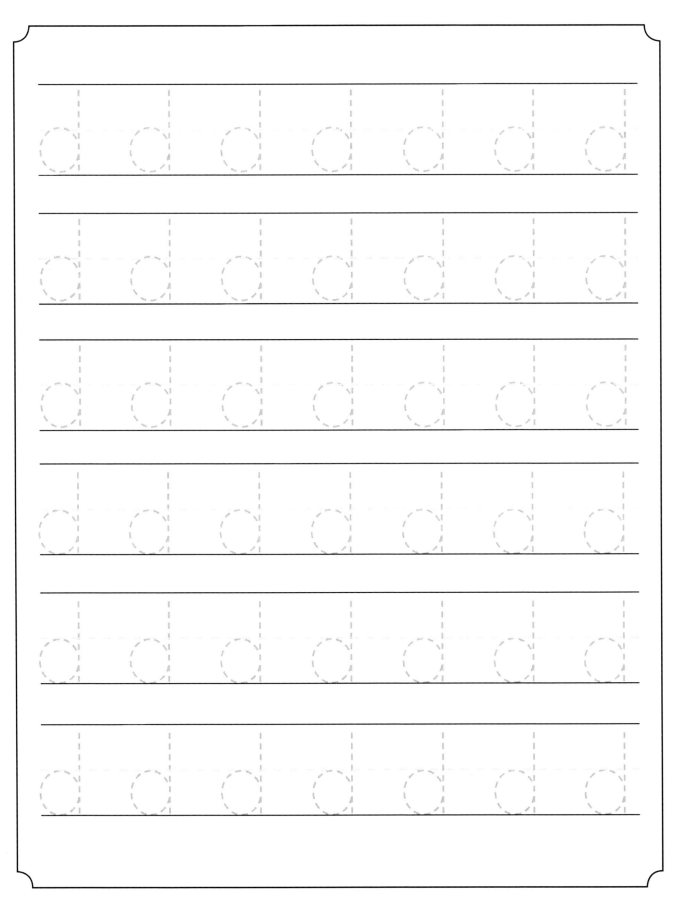

E

F

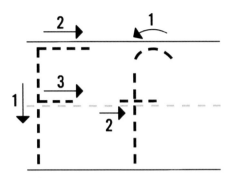

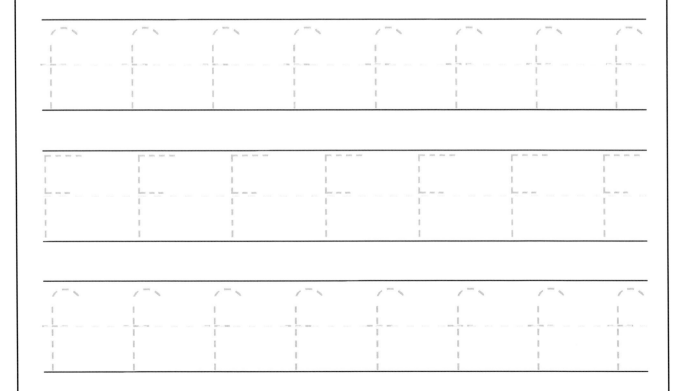

G

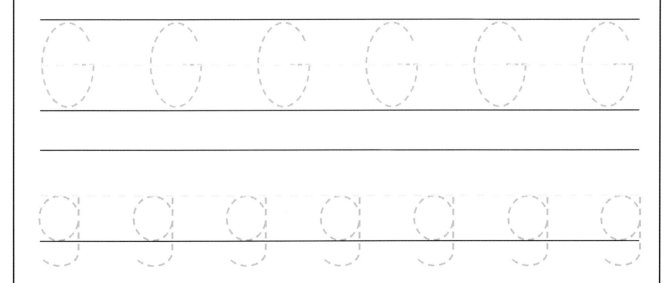

g g g g g g g

g g g g g g g

g g g g g g g

g g g g g g g

g g g g g g g

g g g g g g g

H

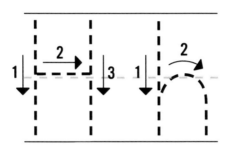

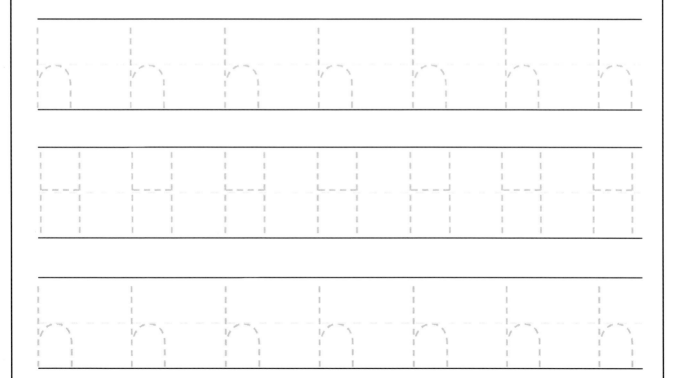

I

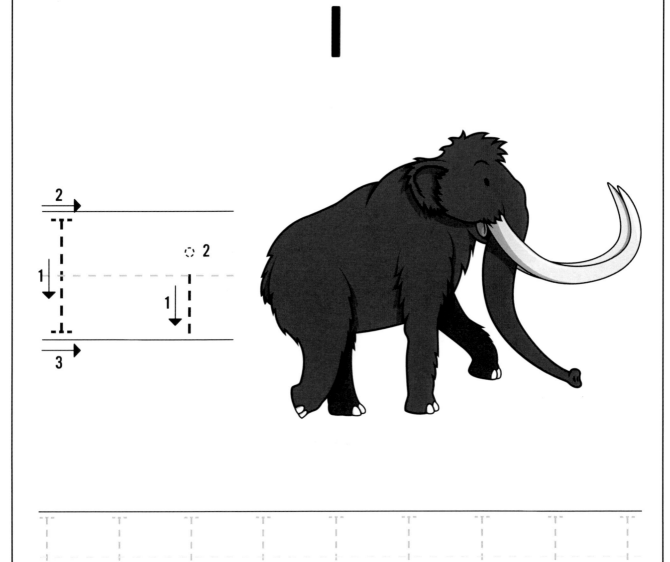

J

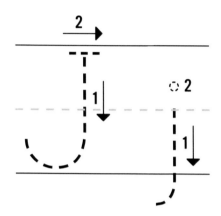

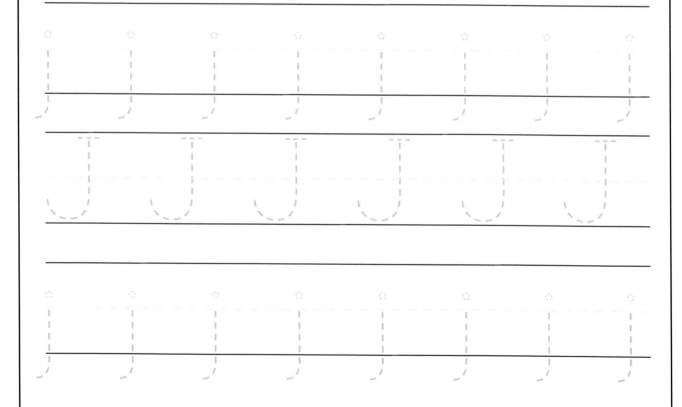

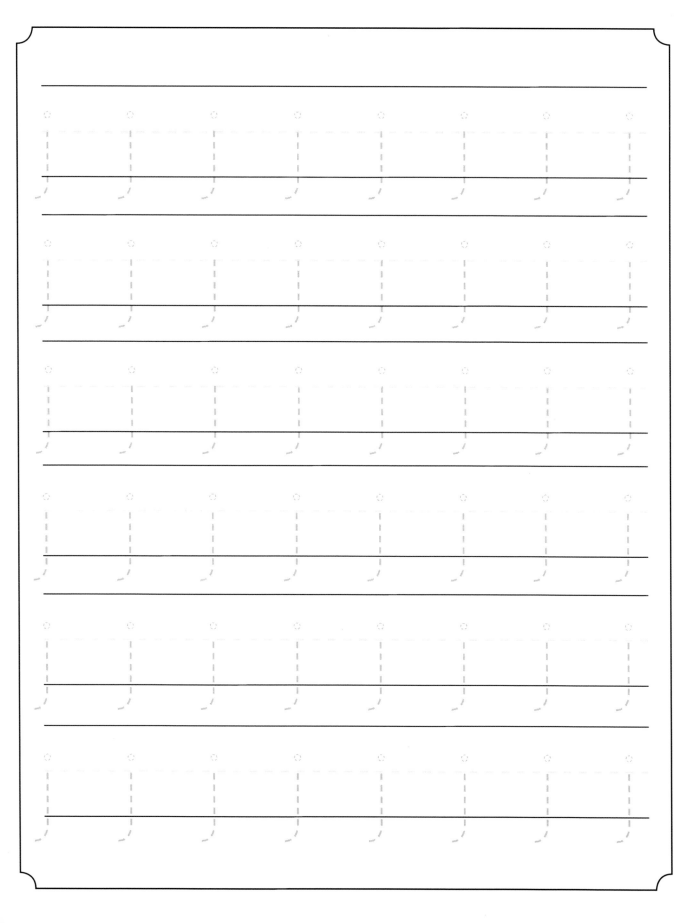

K

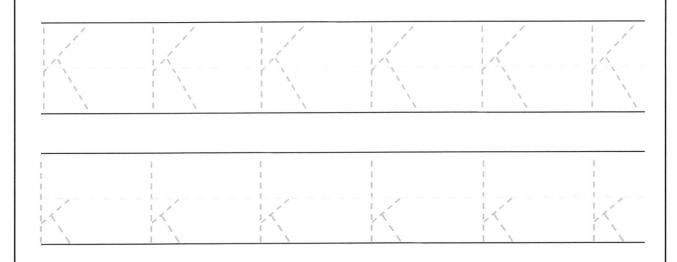

L

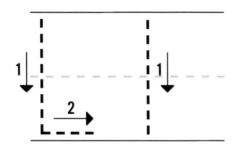

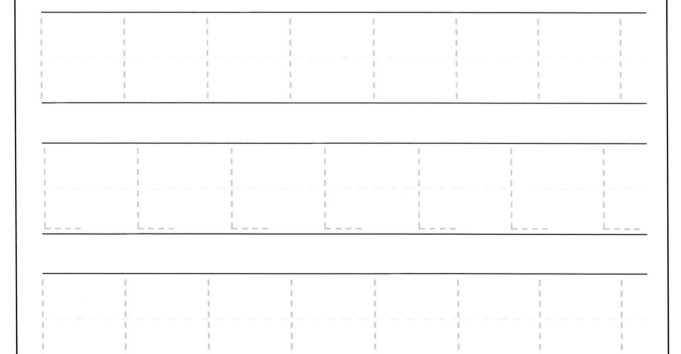

M

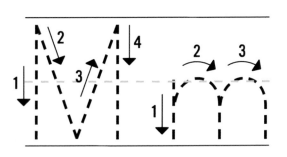

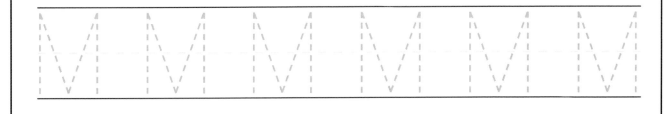

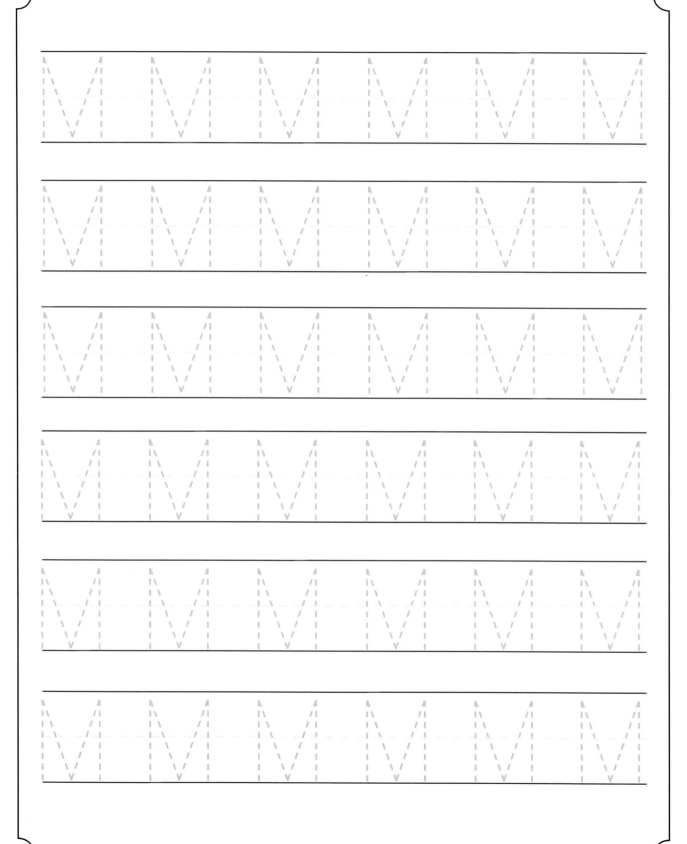

N

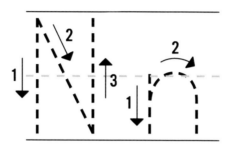

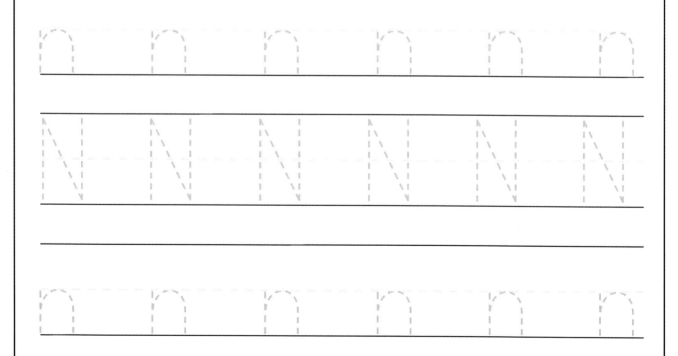

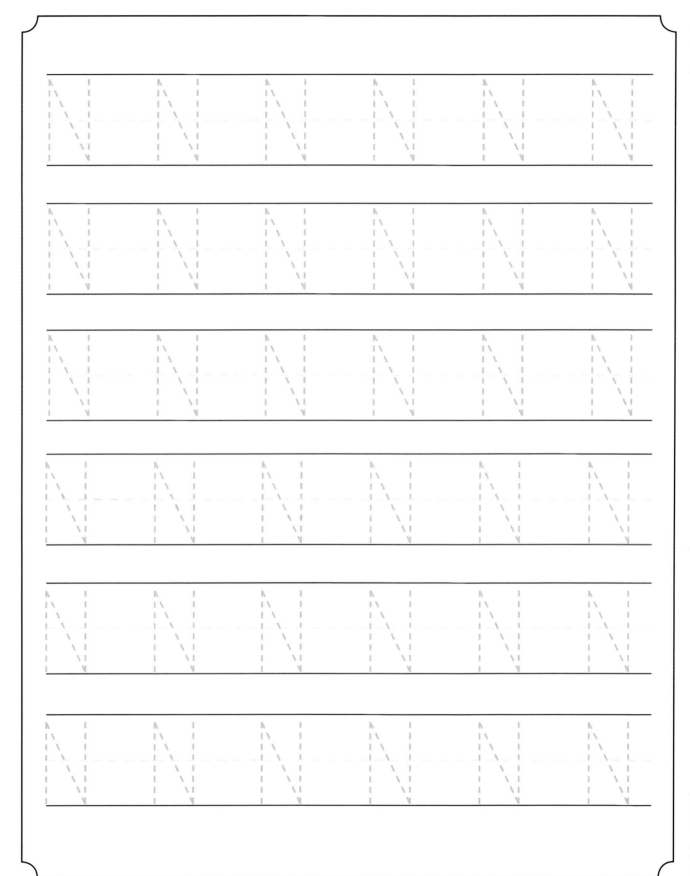

O

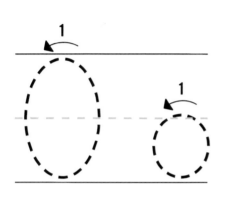

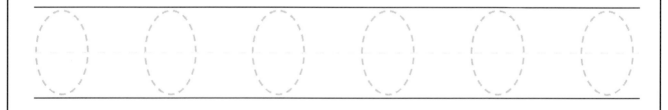

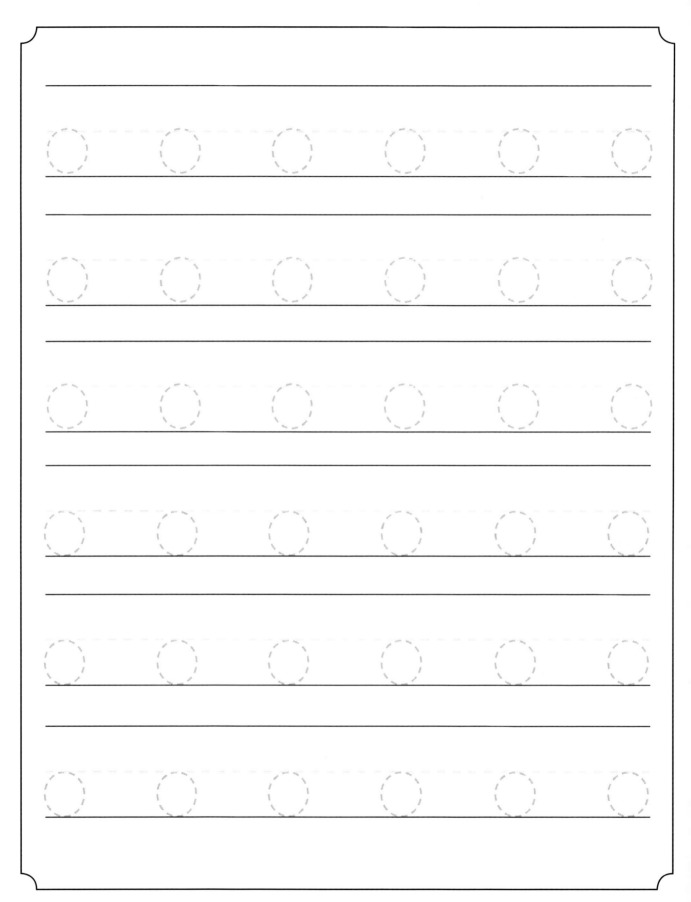

P

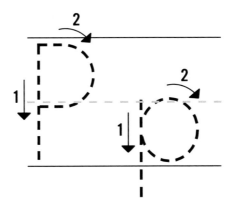

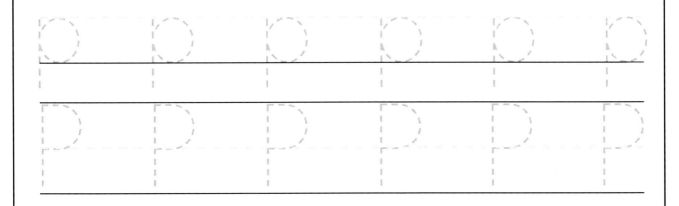

P P P P P P

P P P P P P

P P P P P P

P P P P P P

P P P P P P

P P P P P P

Q

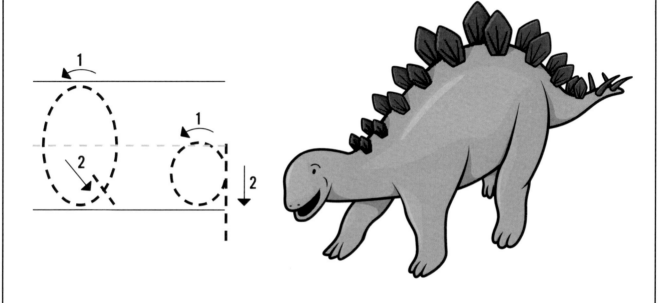

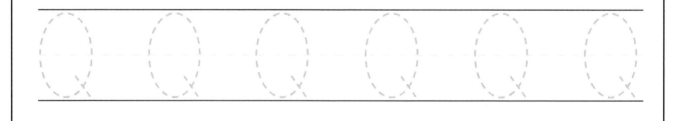

a a a a a a

a a a a a a

a a a a a a

a a a a a a

a a a a a a

a a a a a a

R

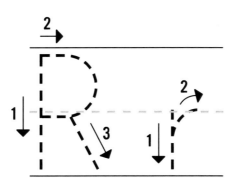

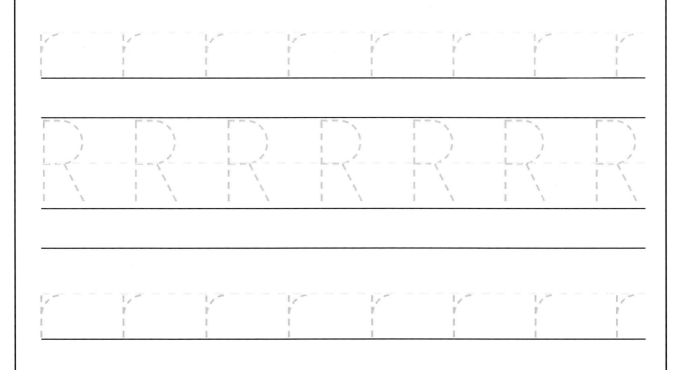

R R R R R R R

R R R R R R R

R R R R R R R

R R R R R R R

R R R R R R R

R R R R R R R

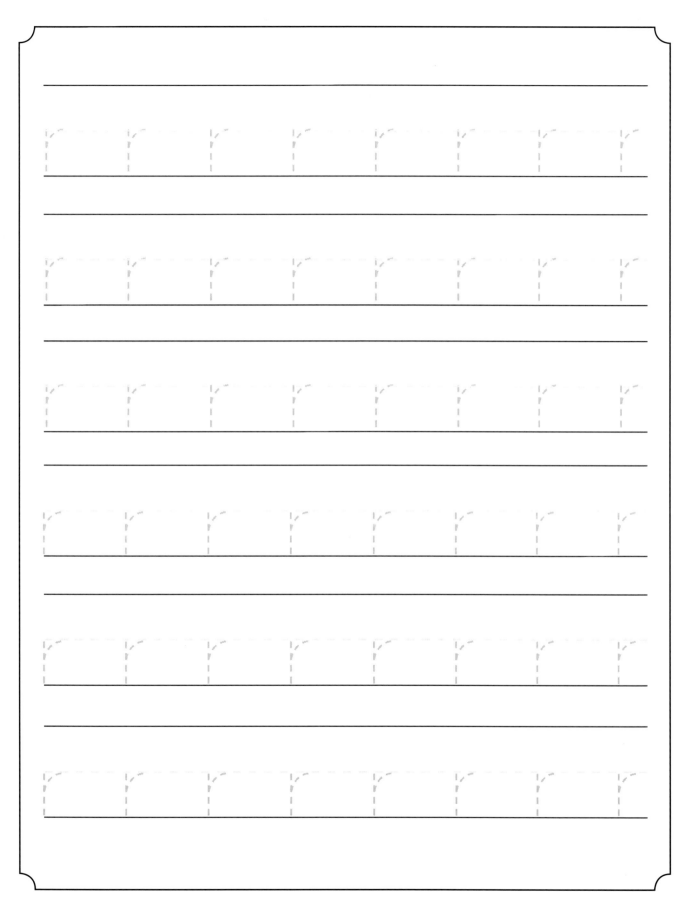

S

S S S S S S S

S S S S S S S

S S S S S S S

S S S S S S S

S S S S S S S

S S S S S S S

S S S S S S S

S S S S S S S

S S S S S S S

S S S S S S S

S S S S S S S

S S S S S S

T

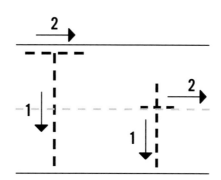

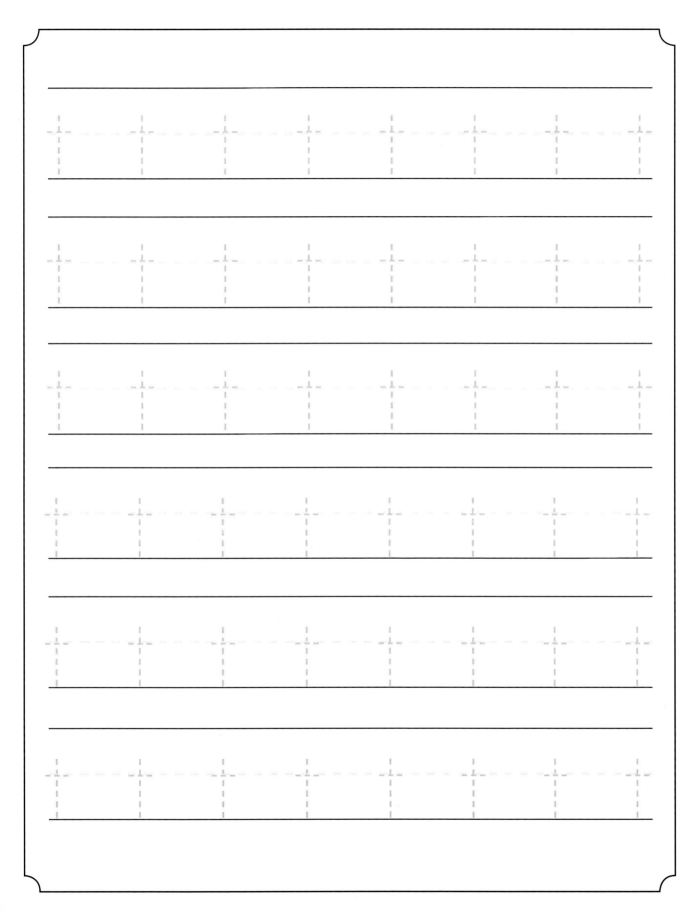

U

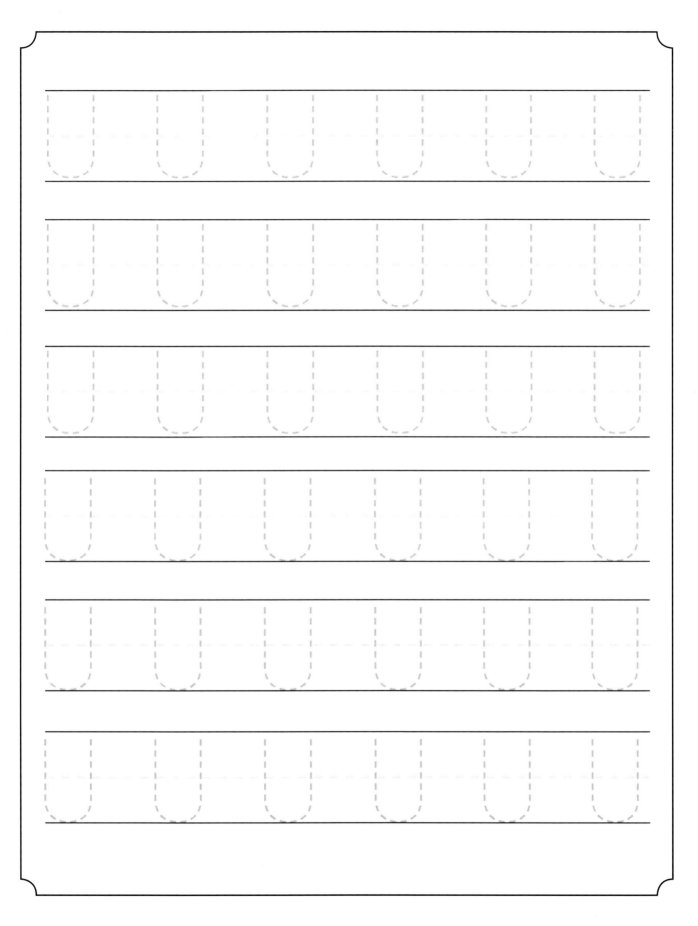

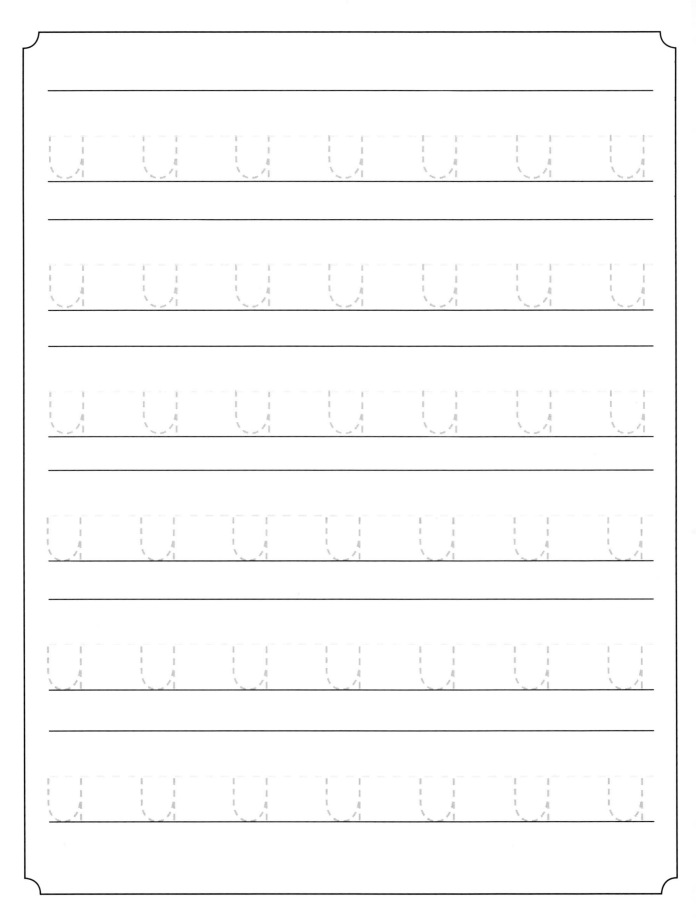

V

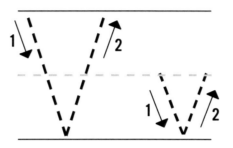

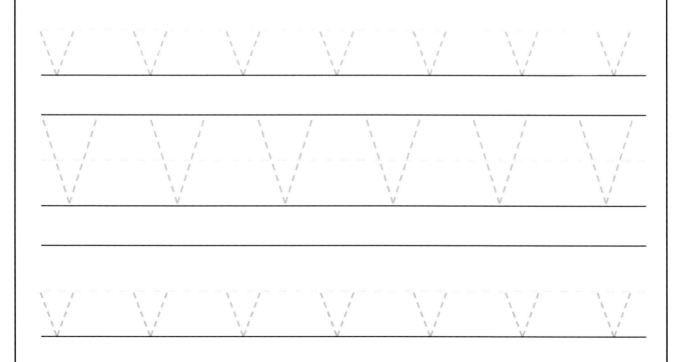

W

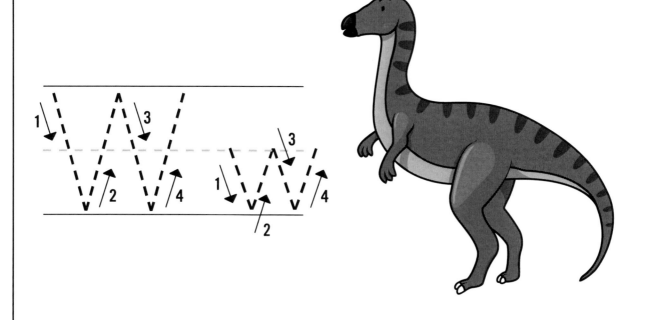

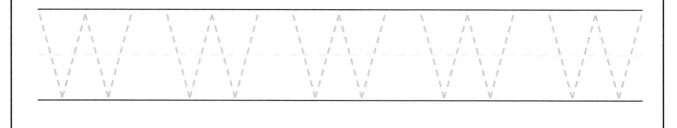

X

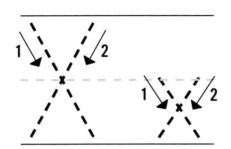

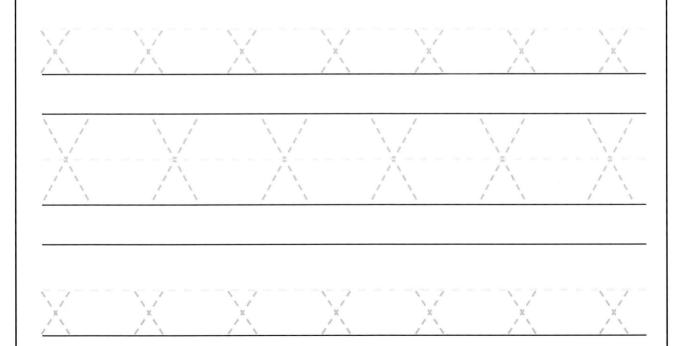

Y

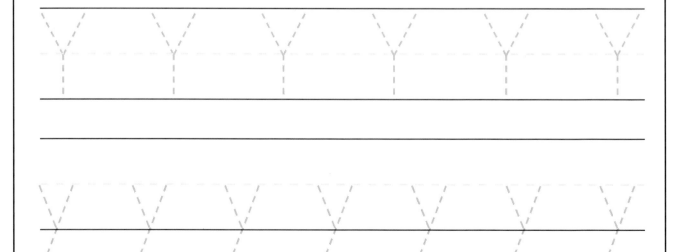

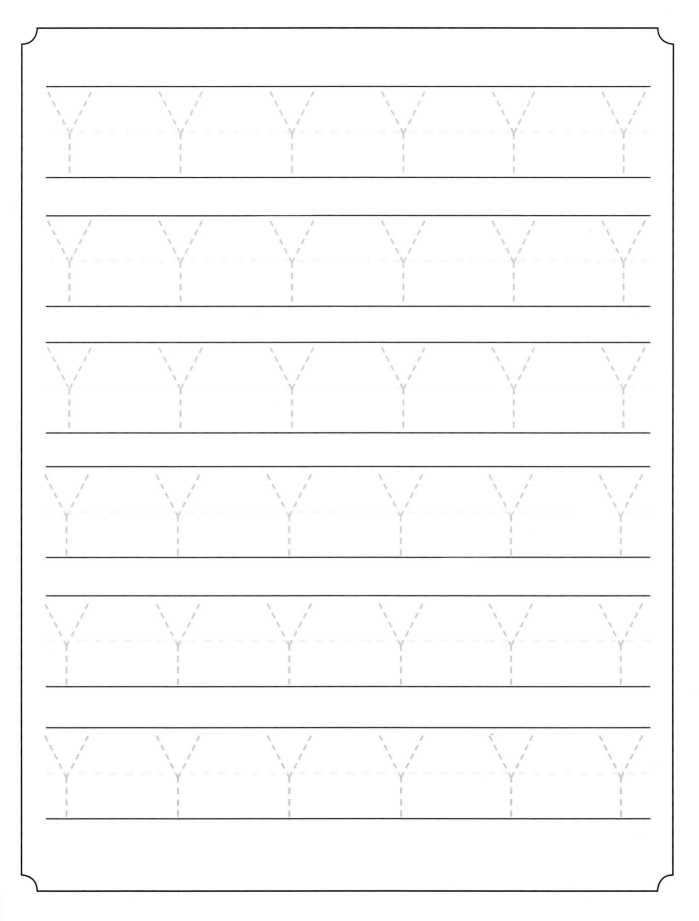

Z

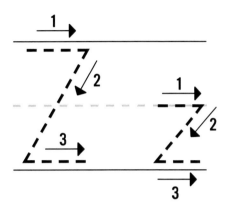

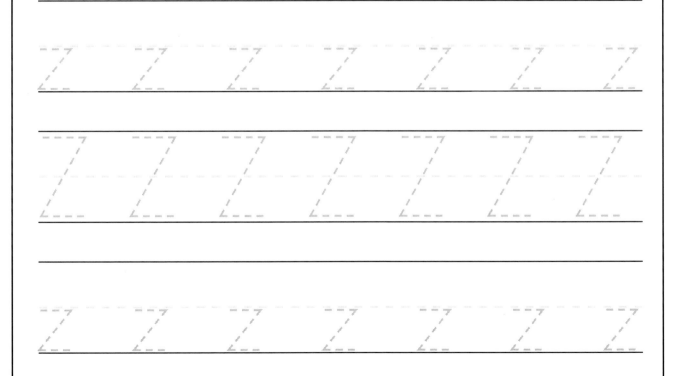

Z Z Z Z Z Z Z

Z Z Z Z Z Z Z

Z Z Z Z Z Z Z

Z Z Z Z Z Z Z

Z Z Z Z Z Z Z

Z Z Z Z Z Z Z

Made in United States
North Haven, CT
22 March 2022

17418932R00043